BLUE WAVE PR

MW01131571

SPORTS
COLORING BOOK

INCLUDES BONUS ACTIVITY PAGES!

Copyright © 2018 by Blue Wave Press
All rights reserved.
First edition: 2018

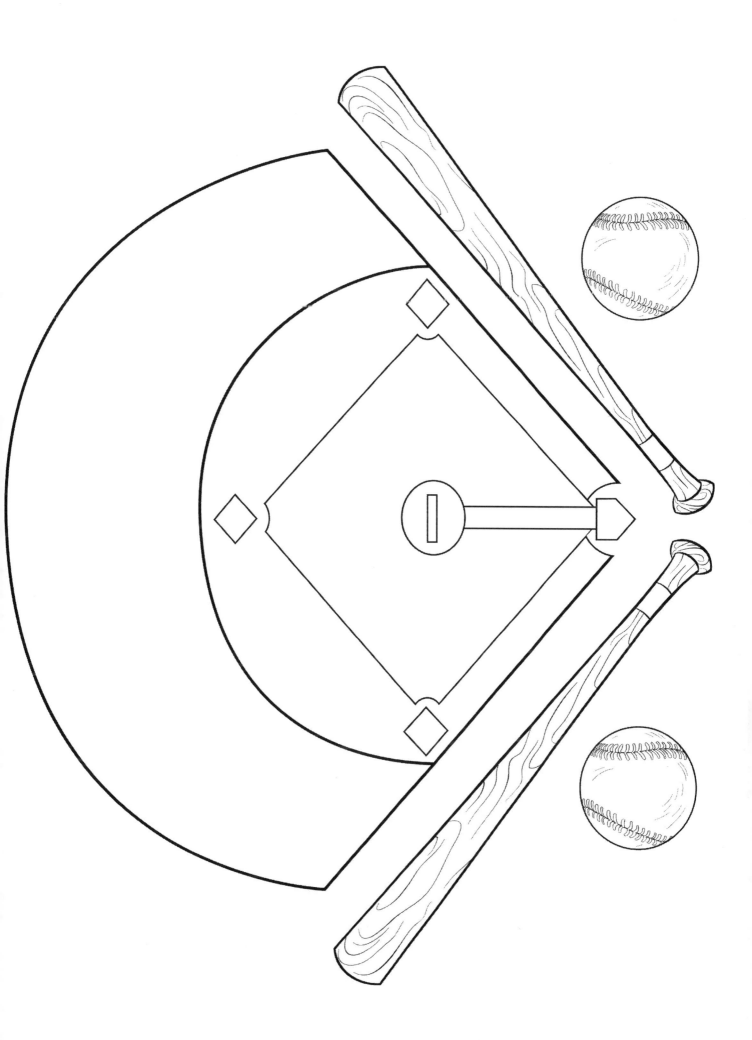

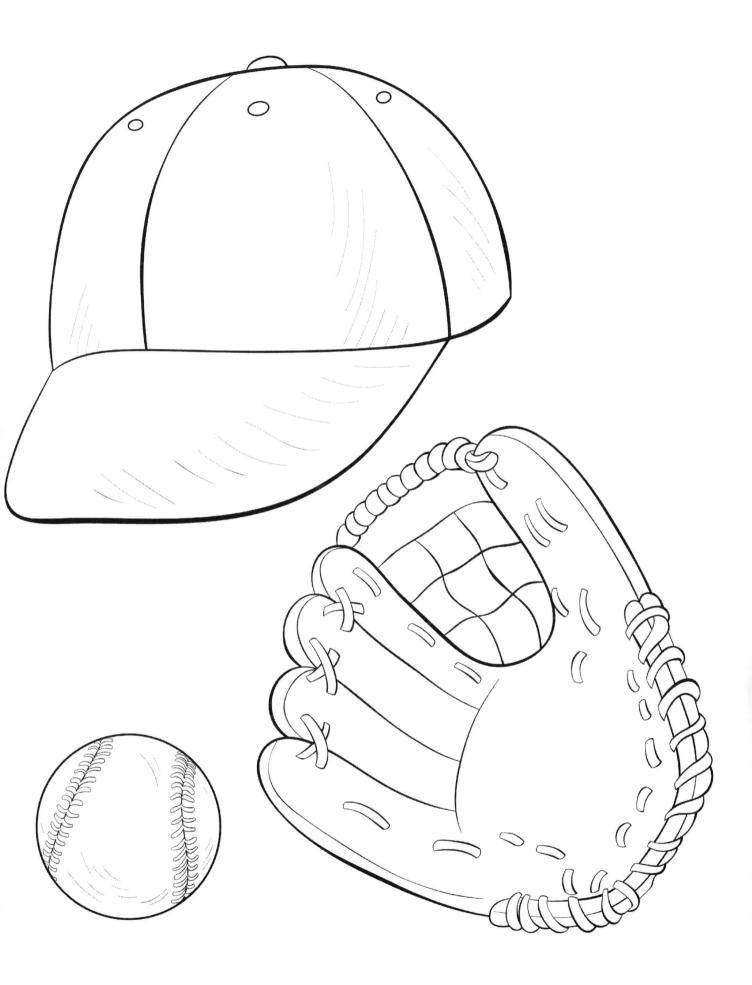

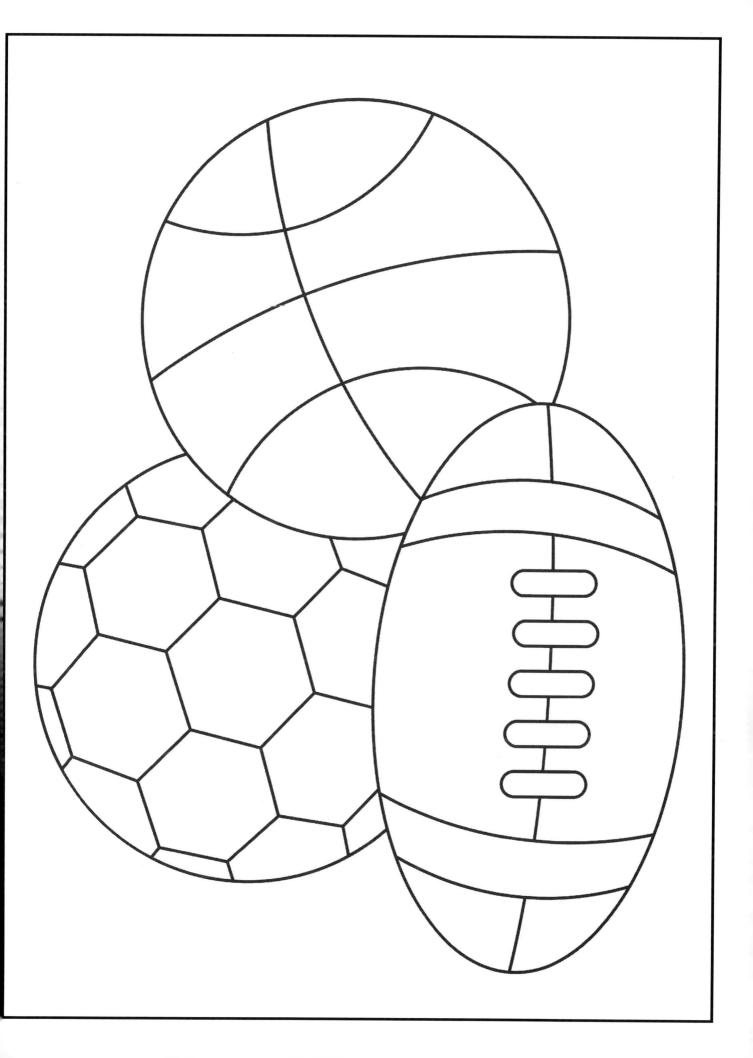

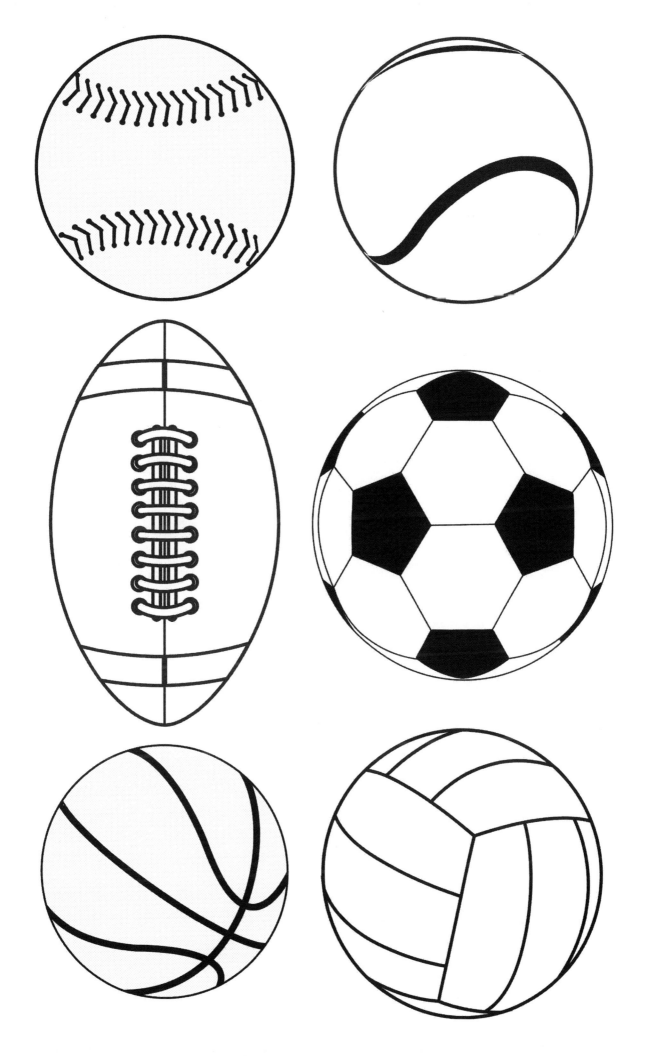

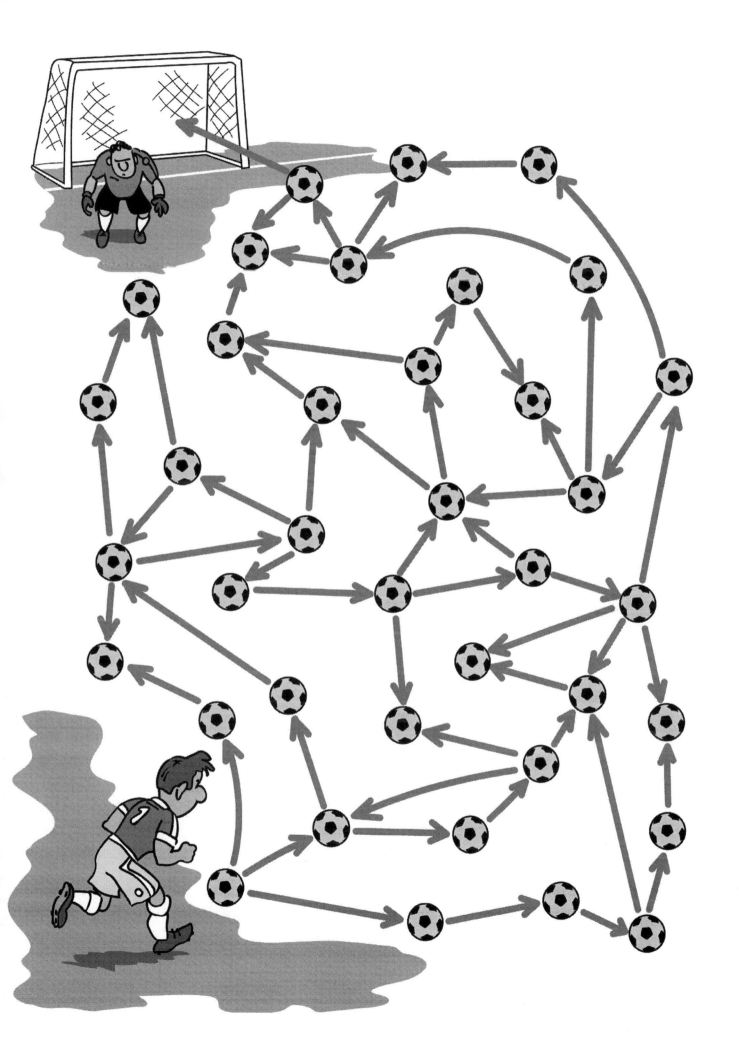

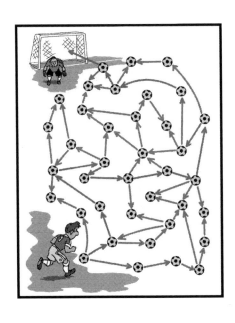

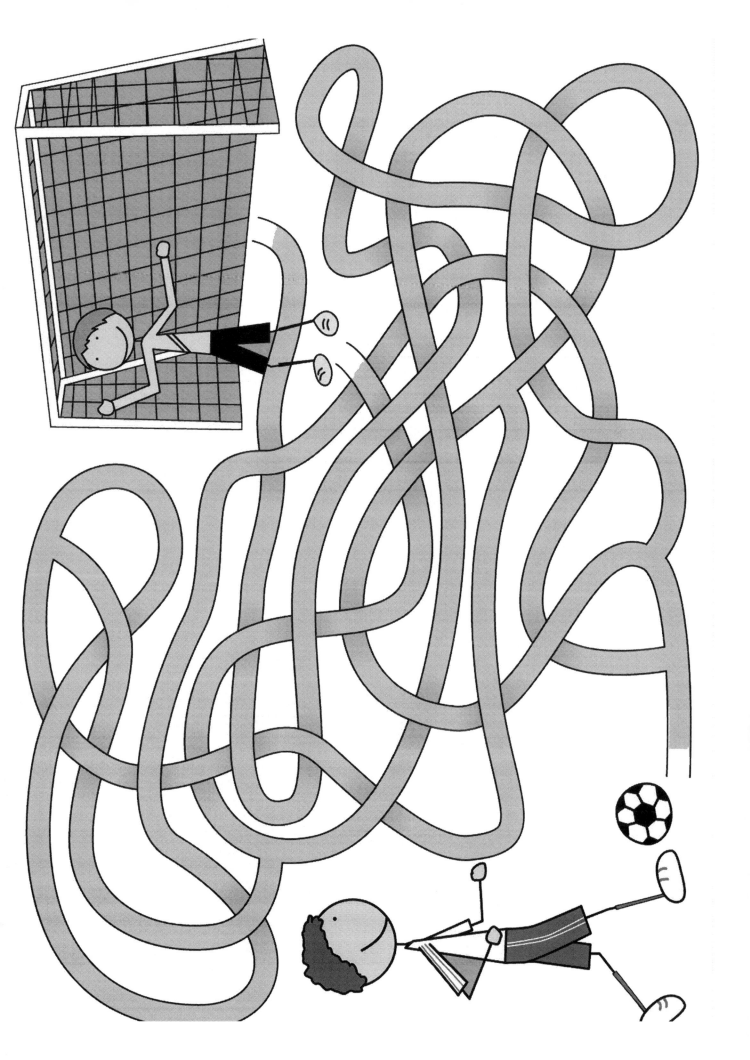

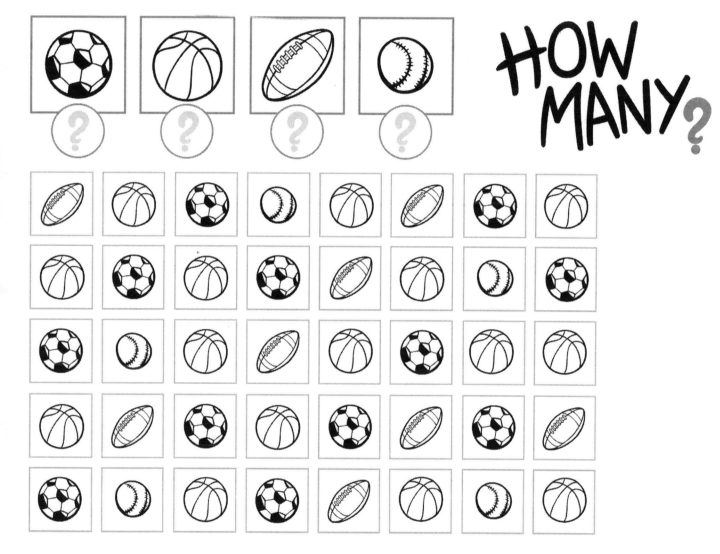

HOW MANY?

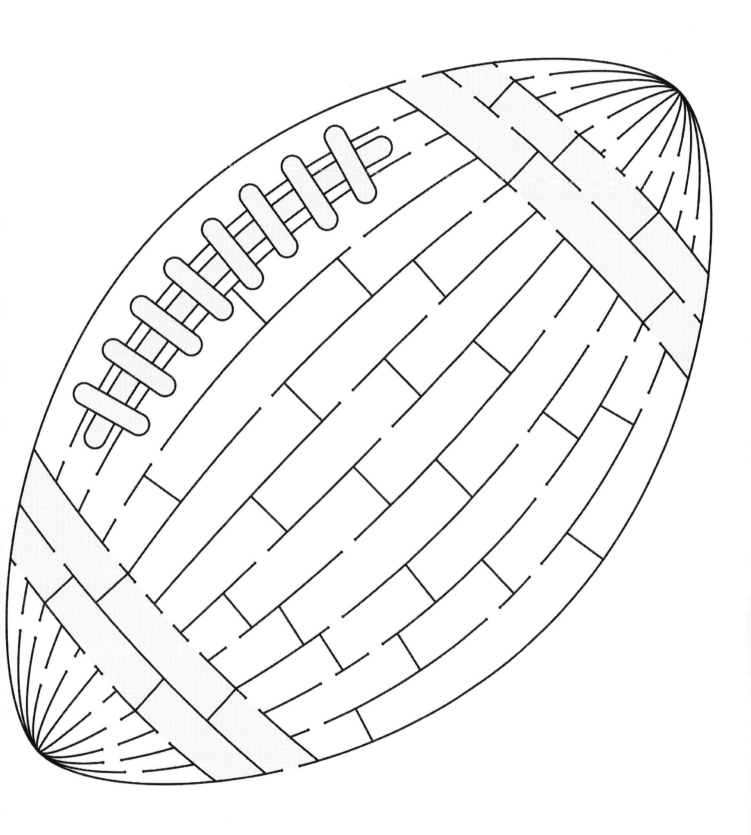

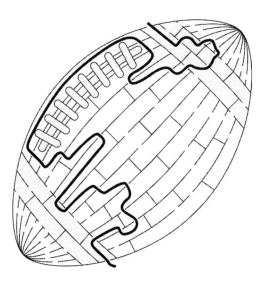

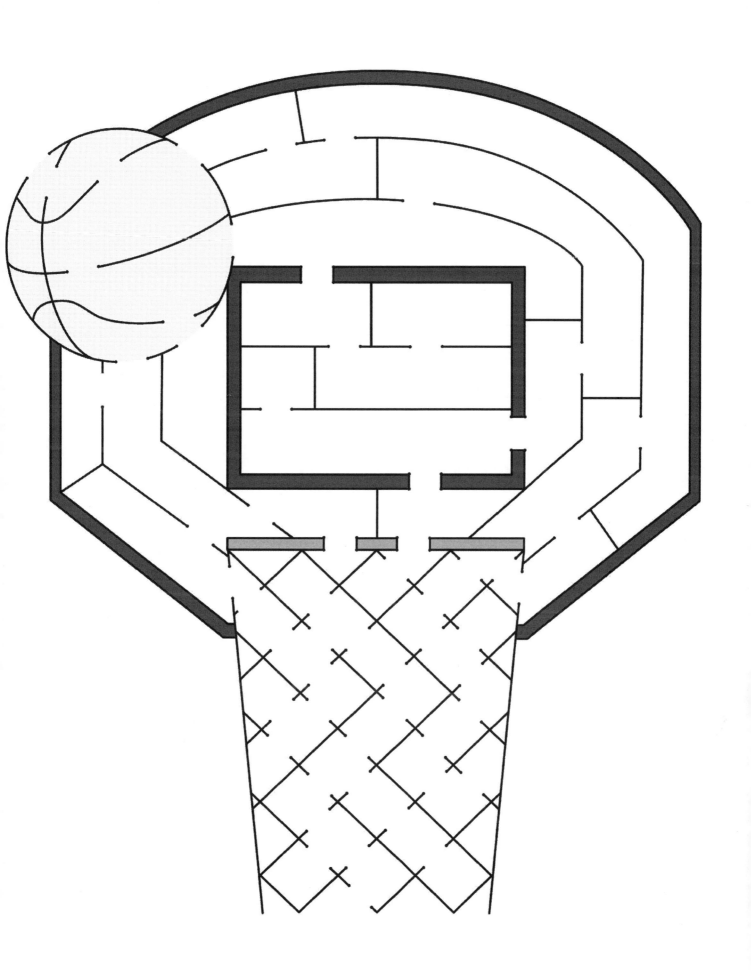

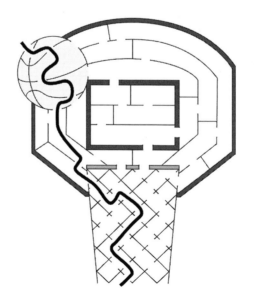

Baseball Word Search

```
I L Z S H S T A D I U M
N F S I X D Z H N B L S
G L O V E G I U Q B J E
W C C B G B R X O B C E
G A Y L A E B I S A C Y
A T G P M S S N G S I G
A C V O I T E E U E A L
G H H O U T R S X B S M
B E B O U I C I A A E X
Y R C A P X K H C L D Y
D X H M T B F O E L N X
G C U U K M J X N R L R
```

BASEBALL   HOMERUN

BASES   OUTS

BAT   PITCHER

CATCHER   STADIUM

GLOVE   UMPIRE

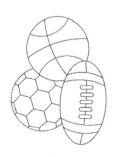
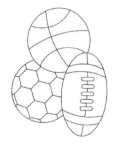

```
I  L  Z  S  H  S  T  A  D  I  U  M
N  F  S  I  X  D  Z  H  N  B  L  S
G  L  O  V  E  G  I  U  Q  B  J  E
W  C  C  B  G  B  R  X  O  B  C  E
G  A  Y  L  A  E  B  I  S  A  C  Y
A  T  G  P  M  S  S  N  G  S  I  G
A  C  V  O  I  T  E  E  U  E  A  L
G  H  H  O  U  T  R  S  X  B  S  M
B  E  B  O  U  I  C  I  A  A  E  X
Y  R  C  A  P  X  K  H  C  L  D  Y
D  X  H  M  T  B  F  O  E  L  N  X
G  C  U  U  K  M  J  X  N  R  L  R
```

BASEBALL	HOMERUN
BASES	OUTS
BAT	PITCHER
CATCHER	STADIUM
GLOVE	UMPIRE

Basketball Word Search

```
Y L B C L I N C H E V S
Q D S A L A B B M A J H
Y Y E A C H Q I A X U O
D H R F C O T E P I M O
R G O A E R U P R E P T
I N O O E N E R W N W Z
B C O V P E S R T F D M
B C O O K E S E D P H A
L E B A S K E T B A L L
I G F W F C H J L A M F
N T Y M P N T Y X R A M
G Y H E C M V Q E I S D
```

BASKETBALL	DRIBBLING
CLINCH	HOOP
COACH	JUMP
COURT	OVERTIME
DEFENSE	SHOOT

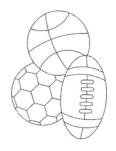

```
Y L B C L I N C H E V S
Q D S A L A B B M A J H
Y Y E A C H Q I A X U O
D H R F C O T E P I M O
R G O A E R U P R E P T
I N O O E N R W N W Z
B C O V P E S R T F D M
B C O O K E S E D P H A
L E B A S K E T B A L L
I G F W F C H J L A M F
N T Y M P N T Y X R A M
G Y H E C M V Q E I S D
```

BASKETBALL	DRIBBLING
CLINCH	HOOP
COACH	JUMP
COURT	OVERTIME
DEFENSE	SHOOT

Football Word Search

```
O E C T Q F Z Q L O S Y
S F G Q F Z A E S S H P
N C O T H R O W A P L B
G P O O F B U R O F V E
W P A R T E G R J Q R H
C H F S E B T N A N R E
L Y R K S H A F H O S L
L D T F X G R L P F M M
K U O R Z Q R C L I T E
I W C O A C H F N E I T
G K D I E U T C G L W Z
O H P L A Y E R R D A K
```

COACH	PASS
FIELD	PLAYER
FOOTBALL	SCORE
GRASS	THROW
HELMET	TROPHY

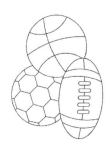
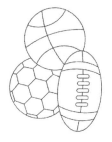

```
O E C T Q F Z Q L O S Y
S F G Q F Z A E S S H P
N C O T H R O W A P L B
G P O O F B U R O F V E
W P A R T E G R J Q R H
C H F S E B T N A N R E
L Y R K S H A F H O S L
L D T F X G R L P F M M
K U O R Z Q R C L I T E
I W C O A C H F N E I T
G K D I E U T C G L W Z
O H P L A Y E R R D A K
```

COACH	PASS
FIELD	PLAYER
FOOTBALL	SCORE
GRASS	THROW
HELMET	TROPHY

Soccer Word Search

```
O S O C C E R S U I A N
S F G G W I R Z F E D J
C L F T J A V D O Q C N
A L S I T C Y W R S G P
F T E S C F O D W T O K
T I L A H I W A A X A T
N L E C T O A R R H L D
A N T L R S L L D Y S O
P A G C D M N F S J G G
M A S K I C K O F F Z R
L W V I X W N T F C A L
A J U J Z N X D L W C B
```

ALL STARS   GOALS

CLEATS   KICKOFF

CROWD   MATCH

FIELD   OFFICIALS

FORWARD   SOCCER

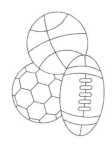
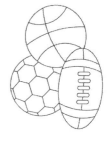

O S O C C E R S U I A N
S F G G W I R Z F E D J
C L F T J A V D O Q C N
A L S I T C Y W R S G P
F T E S C F O D W T O K
T I L A H I W A X A T
N L E C T O A R R H L D
A N T L R S L L D Y S O
P A G C D M N F S J G G
M A S K I C K O F F Z R
L W V I X W N T F C A L
A J U J Z N X D L W C B

ALL STARS   GOALS
CLEATS   KICKOFF
CROWD   MATCH
FIELD   OFFICIALS
FORWARD   SOCCER

Tennis Word Search

```
W V O L L E Y J B Z B A
P I B J H Q Q V E B A M
L S T A R S H E H O S P
T W V R C O E I J N G T
E C U N F K W R O Z E P
N O I M E W H S V K R C
N U B M G T S A C E Q X
I R R X C E E A N D H I
S T E P L L R E J D S Z
Q R A F P L A Y E R T T
S J K N K J P T U J Q R
N P Z G M T L T L R Z C
```

BACKHAND   PLAYER

BREAK   RACKET

COURT   SERVE

LESSONS   TENNIS

NET   VOLLEY

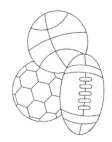
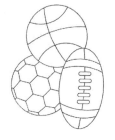

W	V	O	L	L	E	Y	J	B	Z	B	A
P	I	B	J	H	Q	Q	V	E	B	A	M
L	S	T	A	R	S	H	E	H	O	S	P
T	W	V	R	C	O	E	I	J	N	G	T
E	C	U	N	F	K	W	R	O	Z	E	P
N	O	I	M	E	W	H	S	V	K	R	C
N	U	B	M	G	T	S	A	C	E	Q	X
I	R	R	X	C	E	E	A	N	D	H	I
S	T	E	P	L	L	R	E	J	D	S	Z
Q	R	A	F	P	L	A	Y	E	R	T	T
S	J	K	N	K	J	P	T	U	J	Q	R
N	P	Z	G	M	T	L	T	L	R	Z	C

BACKHAND	PLAYER
BREAK	RACKET
COURT	SERVE
LESSONS	TENNIS
NET	VOLLEY

Be sure to look for more of our fun and educational coloring and activity books for kids!

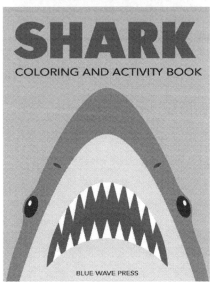

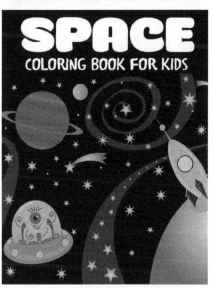

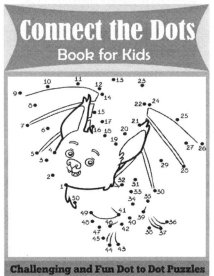

Made in the USA
Las Vegas, NV
28 February 2022

44774347R00066